La Sonrisa de Papá

Emilia García

DEDICATORIA

Dedico este libro a mi amado ayudador, el Espíritu Santo, porque gracias a Él cada palabra que aquí leerás se conjugó para hacer esta obra.

Todo me lo dio Él, los textos, el impulso, las porras de: ¡Venga, vamos!

Sin Él no habría sido posible.

Este no es mi proyecto, es suyo, a través de mis manos como instrumento, pero suyo: la esencia, las líneas, los textos; todo ha venido de Él, y hoy yo se lo agradezco a Él.

Sé que muchas personas que escriben tienen un equipo detrás, pero Él no me dotó de mucha ayuda humana, solo dejó a mi lado a un par de personas; sin embargo, la base, la esencia de este proyecto tiene su sello, tiene su forma y lleva su nombre.

Gracias por estar, por enseñarme a confiar en ti.

Gracias por amarme y no desistir de mí.

Que cada línea sea como olor fragante que perfume tu trono y acaricie tus mejillas.

Te amo profundamente, Papá, Espíritu Santo, Jesucristo.

A ti te lo debo todo.

CONTENIDO

AGRADECIMIENTOS

Agradezco este libro, en primera línea, Al Dador de Todo, a mi Señor, mi Dios. Padre, Hijo y Espíritu Santo: a vosotros os lo debo todo; no solo el libro, sino mi vida entera.

Señor, agradezco que cuides los detalles de mi vida. Esta es nuestra frase, la que me regalaste para la vida y la que siempre llevo conmigo: ***Dios cuida los detalles de tu vida***. Esto me has enseñado a decirle a todo aquel que me conoce, y se ha vuelto una verdad tangible.

¡Gracias, Señor!

Quiero dar las gracias a mi esposo, porque para poder trabajar en este proyecto él ha tenido que hacerlo mucho mas para sostener nuestro hogar; sin su apoyo y comprensión no habría sido posible.

Bea, tú viniste a mi mente cuando pensaba quién debía asumir el reto de corregir este libro, y te doy las gracias por acompañarme en este camino, en este proyecto, y espero que continúes en los que vienen. Sé que Dios te llevará lejos, y le doy gracias porque te haya escogido a ti. Eres impresionante en Él.

Mami, Papi, cuánta gratitud albergo para ustedes; sin Dios y sin la crianza que me han dado, estas líneas hoy no existieran. Gracias por todo, Dios no me pudo haber puesto en mejores manos.

CONTEXTO BREVE SOBRE *EL BRILLO DE TU AMOR*

El brillo de tu amor enmarca la importancia que tiene para mí la sonrisa de papá.

Lo escribí en un tiempo que estaba viviendo en casa de mi padre, y en esa dinámica que yo mantenía con mi padre terrenal llegó este texto, porque literalmente comencé a pensar que todos y todo tienen algo del Padre, que nos interconecta con Él, la humanidad y la naturaleza.

Confieso que soy amante de la sonrisa de Papá, y cuando veía a mi padre sonreír me imaginaba a Jesús sonriendo para cada uno de nosotros y pensaba: si mi padre me ama así, ¿cuánto me amas tú como padre?

En muchas maneras Él me respondió a través de cada una de las líneas que leerás, y no solo habló a mi corazón en cuanto a su infinito amor, sino que me enseñó que cada uno de nosotros es una pieza única en sus manos, con un destino igual de único y con una asignación personal que nadie podrá cumplir por ti.

No te desvíes ni a derecha ni a izquierda; quédate bajo su guía y cumple en Él aquello para lo que te creó.

No hay nada más importante para hacer que aquello que Él quiere que hagas.

El BRILLO DE TU AMOR

El sol siempre brilla con mayor resplandor cuando su sonrisa se vislumbra desde el cielo; pensar que eres mi sol no se traduce solo a ideas divagando por mi mente, sino a una verdad hecha hombre que me acompaña desde que me permitió estar en el vientre de mi madre. Él es delicado como una oruga en su capullo, pero fuerte como un león, rápido como una gacela y tan dulce como un delfín.

Mirar un paisaje, sus colores, olores, sus flores, observar un delicado y sublime caracol caminando lento, es verte. Eres suave como el viento, resplandeces como el sol, iluminas la oscuridad como la luna y has sido un maestro del más fino pincel, porque has delineado toda la belleza que puedo ver.

Cómo no estar agradecida por mis primaveras, cada vez que tu espíritu me da el reverdecer de tu aliento en mí, cómo no agradecer los otoños, inviernos y veranos que se conjugan para hacer una perfecta sincronía formadora en mi ser.

No hay día que se aleje de mi vista sin tu mirada, tú callas de amor cuando busco tu compañía, solo para observarme; me maravilla tu sutileza y me encanta tu verbo bien dispuesto a son de melodía, cada palabra tuya es como un néctar de verdad que destiñe la mentira.

No hay letras que reuniéndose todas puedan describir

completamente lo maravilloso de tenerte, sé que en tu reino hay muchas cosas, pero eres tú quien me cautiva, mi mayor fortuna está en tu abrazo y en esa promesa de nunca apartarte de mi lado.

Tú has enlazado mis días, y es mi anhelo que ellos solo te adoren a ti, con cada paso de mi ser quiero adorarte.

En el reino de mi Padre muchas moradas hay, pero en la que anhelo habitar es en la de su corazón, en medio de su abrazo.

Cada día que me acerco a ti mi riqueza se multiplica: te veo al danzar, con el que ama mi alma; te veo, al hablarte desde mis pensamientos; te miro, en mis sueños que te reflejan; te observo, en las letras que te describen; estás en mi mesa con tres lugares que siempre ocupas tú; llenas mis ojos con imágenes, que retratan tu belleza cuando hago un clic.

Te observo en los tesoros que me has regalado, nunca dejaré de estar agradecida, por todo.

Hay tanto que te encierra y te describe al mismo tiempo: veo a mi familia y en ella te veo, porque son obra de tus manos; veo a la humanidad tan ignorante de ti, pero con tanto de ti; es como ver un rompecabezas, con muchas piezas por todas partes, pero cada una descifra algo de ti.

Ver el invento es ver al inventor. Algunas cosas han cambiado de color y se han roído por el desgaste infinito que se ha ocasionado en el ser humano, que siempre ha querido salirse con la suya, saltándose el manual de instrucciones y al instructor, pero a pesar de ello, al interconectar las piezas que cada uno porta de ti, veremos un bosquejo más profundo de la esencia misma de tu ser.

No tienes fórmulas, ni suplementos, aunque tienes todo bien dispuesto, porque tu palabra lo sustenta todo.

Tu vida, tu esencia, tu ser, siempre dejará lugar para un próximo capítulo, que lo reescribirán almas valientes que se quieran sumergir en la profundidad de tu manantial.

Los ríos te cantan al unísono, ellos caen de sus torrentes para humillarse ante ti y se levantan en sus cumbres para exaltarte, pero no persiguen un ensalzamiento propio, pues retozan de alegría al dar gloria al que llenó sus caudales secos y áridos. Los sabios no han encontrado en ellos sabiduría, mas su andar avergüenza su erudición; los ríos no pelean con el mar porque este sea azul y ellos cristalinos, no tienen que gritar para hacerse escuchar, no envidian el sonido de una ola, pues comprenden que tienen una melodía única que solo ellos pueden entonar al Padre en los cielos; no se preocupan por su temperatura, porque entienden que su propósito es refrescar. Nunca veremos al río diciendo: "mar, cambiemos de propósito y de apariencia por un rato"; él entiende que no fue pensado para desequilibrar, sino para equilibrar en sintonía con el mar toda la obra de su Creador.

Si algún día los hombres encontráramos tal sabiduría,

entenderíamos que fuimos creados para ser constructores, la expresión misma del mejor arquitecto, señor y cuidador que ha tenido la tierra; si albergáramos tal conocimiento, comprenderíamos que la paz cultiva la vida, la guerra es la huella de la muerte, veríamos a la naturaleza como un tesoro frágil, que está aquí para cuidarlo y dejarlo respirar sin querer invadir sus espacios, sabríamos que el amor no es un acto de palabra, sino de cuidado, trabajaríamos en pro de cuidar y cultivar nuestro corazón, de la mano del inventor de esta obra, para así tener una orientación clara del camino y redireccionar el sentido de la vida, al labrar nuestro ser, desde los cimientos, y no desde las paredes frontales de la edificación que todos pueden ver. Si construyéramos correctamente nuestro ser, nos daría igual si el sol llegase a quemar tales paredes y destiñese su pintura, porque sabríamos que nunca derribaría la construcción, porque sus bases son buenas.

No hay gloria en ser un castillo de arena muy vistoso y decorado, pero estar siempre a punto de caer con un solo toque.

Porque, creeme, en la vida hay muchos vientos fuertes y muchos días de sol intenso; por eso, afianza y construye buenas bases, que no te importe que lo bonito sea lo visible, porque lo que tiene valor no se puede ver, pero sin duda es lo que te sostiene.

De todo lo guardado, guarda tu corazón, porque de él mana la vida.

El ser humano nunca va a edificar algo que no esté en su corazón; dime lo que está en tu corazón y te diré lo que darás al mundo. Si no cuidamos los cimientos y nos apegamos al Constructor de la obra, fácilmente se destruirán los laterales y se derrumbará el castillo.

En un mundo donde todas las culpas parecen achacárselas a Dios, vale la pena preguntarse: ¿estoy labrando buenas bases para este castillo, o solo vivo preocupado por cuán preciosa se ve la pared del frente?

La respuesta que cada uno se dé le dejará ver el reflejo de su mundo.

Se trata de lo que Dios quiere, pero tiene que ver con lo que el hombre haga. Los deseos de Dios siempre son buenos, el problema es que los actos de la mano del hombre no siempre lo son. ¿Es culpa de Dios eso? No, todo proviene de cimientos labrados bajo las raíces de un árbol llamado amargura, y estas siempre tenderán a dejar secuelas en la construcción o a derribarla; pero no olvidéis, todo es posible para el que cree, y la gracia de Jesús reedifica aun las bases.

Dios hace ríos en la sequedad y da vida, reconstruye aquello que para el ojo humano está aparentemente en ruinas. Él sana al quebrantado de corazón, da libertad al cautivo y apertura a las cárceles, porque en Jesucristo el reino de los cielos se ha acercado.

CONTEXTO BREVE SOBRE *EL VIENTO Y EL PAJARILLO*

Esta alegoría relata la conversación de un pajarillo con el viento. La escribí en una temporada donde yo estaba triste porque no entendía el porqué de tantos valles atravesados, de tantas despedidas enmarcadas en un hasta luego, que en ocasiones se volvieron un adiós; el porqué de tantas renuncias, que en muchas ocasiones significaron dejar lo amado, la familia, y todo lo que como humanos consideramos refugio o lugar seguro.

En la tarde que escribí este texto, me recuerdo a mí misma mirando por la ventana de un vagón de Renfe en Madrid y pensando: ¿por qué tanto, Señor?

Y como un susurro a mi interior vinieron cada una de las palabras que leerás a continuación. El pajarillo en ese momento era yo, pero hoy, al leer estas líneas, te invito a que le pongas tu nombre; el viento es Él, mi amado Espíritu Santo, susurrando: "En mí no hay nada que se pierda". Sus palabras me hicieron entender que para la vida de sus hijos todo entrenamiento está destinado a dar fruto, y que su silbo apacible ayuda y entrena nuestras alas para el vuelo.

EL VIENTO Y EL PAJARILLO

Caminar implica cambiar, cambiar implica soltar, soltar duele, pero el dolor te forma.

Las grandes ciudades siempre se reconstruyen de las cenizas. Los días de espera son largos, pero necesarios.

- ¡Nada es fácil en la vida! -se escucha decir al viento.

-Y como un lamento... -canta el pájaro hoy sediento-. ¡Por experiencia lo sé! -se dice para sí mismo-. Mi rumbo hoy no está claro - ¡piensa, piensa el pajarito! -. Volé a tierras lejanas con la ilusión muy adentro. Pero quedan ya migajas de aquellos sueños de entonces... ¡la realidad ha llegado! Un nuevo cielo me arropa, pero en él hay tormentas, que mis alas hoy destrozan.

El pajarito se dice: ¿Podré volar yo de nuevo? El viento le contesta: ¡Dispuesto estoy ya, mi amigo! Solo cura hoy tus alas, saca la fuerza de dentro, abre de nuevo tus alas y emprende un nuevo vuelo, que te lleve siempre lejos, allá por tierras lejanas, que te arrope un nuevo cielo. ¡No hay tempestades suaves, pero la fuerza va dentro! Abre de nuevo tus alas, que te espero en este cielo.

Los caminos no son fáciles, todo tiempo tiene historia, toda historia tiene un fin, para volver a empezar.

-Así se llena este cielo de historias y pajarillos que, como tú, hoy buscan historias en nuevos cielos. Con ilusión hoy se trazan sus rumbos para el futuro.

"El cielo siempre espera, pero no siempre sin vientos. Ten en cuenta, pajarito, que tus alas hoy se entrenan. ¡Por mi fuerza, por mi fuerza debo soplarte a ti, para que crezcas muy fuerte y te sepas conducir! Aunque tú cambies de cielo, siempre estaré, pajarillo, porque yo soy el que entrena tus alas para el vuelo.

"No hay destino que no tenga mi fuerza y mi esmero, yo siempre estoy en el cielo, doy la paz, doy la tormenta, todo en mí se fundamenta. Es necesario que entiendas que sin prueba no hay destino; si tus alas no se entrenan, no llegarás, pajarillo.

"Todo duele, pajarito, pero no hay dolor eterno. No es el fin hoy de tu vuelo, pues nuevas sendas te esperan. Ábrete paso, pequeño, que yo espero de ti esmero. ¡Vuela, vuela, vuela! No me llores, pajarito, que el manantial a ti espera, para darte un tiempo fresco, antes de seguir el vuelo.

"Tu destino no ha llegado, tu destino es cada día. Mírame en cada milagro, y te llevaré muy lejos. No te rindas, pajarito, cada día es un regalo; aunque venga el viento fuerte, tú solo recuerda que él entrena tus alas. Sin el viento, tú no creces; con el viento, te esfuerzas a salir de la tormenta.

"Nunca olvides que te espera un nuevo sol cada día, no todo es frío y oscuro, también hay luz en el cielo para arroparte, pequeño.

CONTEXTO BREVE SOBRE *LA GRANDEZA DE LO PEQUEÑO*

Fue escrito en mi habitación en Madrid, en una de esas conversaciones que me encanta tener con Dios, esas de corazón a corazón.

Le expreso detalles de mí, de lo mucho que me gustan esos que llamamos "pequeños detalles", de cuánto deseo poder decir como dijo Pablo: "¡He acabado la carrera!".

Quiero que te sumerjas en esa maravillosa simpleza que Dios tiene para hablarnos y para escucharnos. Olvida que las líneas que leerás a continuación las expresé yo, coloca tu nombre a esas líneas, e incluso te invito a reeditar y hacer tu propio "de corazón a corazón" con Él.

Dios no está lejos, Él es cercano, padre, amigo, ayudador y, sinceramente, es el mejor oyente e interlocutor que he tenido en una conversación.

Dios habla, escucha, ve, abraza y guarda, cumple, nada en Él se perderá.

cada detalle
cuenta
simpcity

LA GRANDEZA DE LO PEQUEÑO

Tengo solo una vida, al menos, en este plano como lo conocemos, la tierra; así como la conozco hoy la transitaré, una sola vez, y, para ser honesta, no la veo fuera de ti.

Ayúdame a acabar la carrera, llévame a ese fin que tú has diseñado en el cielo. La verdad, nunca me he visto como pastora, evangelista, profeta ni nada de eso, me gustan las historias, las letras, la vida tras bastidores; sin embargo, aunque no me vea dentro de los estándares establecidos, haré lo que desees que haga.

Me gustaría que me uses para sanar almas; aunque las etiquetas no me gustan, solo quiero abrazar y que te sientan a ti, que tu paz esté en cada uno de mis abrazos, que tu Espíritu lo haga por mí.

Quiero milagros en las pequeñas cosas, en aquello que es insignificante al parecer de muchos, no soy amante de las grandes multitudes, creo en la simpleza de una taza de café y una conversación íntima, creo en el milagro de mirar a los ojos y que no haga falta preguntar "¿cómo estás?". Creo en el Dios que cuida los detalles de mi vida y de cada vida que le busca.

Quiero ser instrumento en tus manos para que tú cambies vidas desde dentro hacia afuera, justo como lo estás haciendo conmigo.

Quiero saber amar con honra, a tu forma, estrechar lazos, crear vínculos entre todo aquello que es tuyo.

Quiero viajar un poco más, porque ya sabes que me encanta mirar por las ventanillas de los aviones el milagro de tu existencia en la creación.

Quiero escribirte siempre, hasta el último día de mi vida. Permíteme despedirme con esta sincronía hermosa que hago contigo al escribir, déjame despedirme con mis líneas, déjame bendecir antes de irme de aquí. Llévame a destino, tomada de tu mano, no envíes a un ángel conmigo, ven siempre tú, Espíritu Santo.

Cámbiame hasta tal punto que yo no pueda reconocer mi hoy en mi mañana, que todo lo que hoy soy se diluya en las líneas del mañana, porque me habrás hecho fuerte como una roca e inquebrantable como un diamante.

Quiero que tú, al mirarme, rías de felicidad por lo que soy en ti y junto a ti. Aunque creo que ya ríes conmigo, quiero siempre regalarte sonrisas, todas las que me enseñes a darte.

Quiero grandes milagros en las pequeñas cosas, te quiero a ti. Pueden pensar que no tengo grandes pretensiones, pero tengo lo que necesito, y me llevarás a destino, cambiarás mi vida, y no solo la mía.

Siempre recuerdo tu palabra a mis 27 años: "Eres un plato que quiero servir en muchas mesas". Y como nadie está en la mesa de otro si no hay cercanía, me acercarás para cambiar, para bendecir, para honrar, tal como hizo *Rut.* Aún no sé por qué, pero creo que su historia y la mía se parecen, algo de lo que ella hizo estoy llamada a hacer, y algo de lo que ella fue soy yo.

Cambiarás muchas cosas de fondo y de forma, añadirás y quitarás, pero dejarás todo lo que necesita esta tierra de mí para florecer.

Mis ojos se irán llenos de grandes milagros, de lo que para muchos es insignificante, pero donde realmente está lo importante.

Tengo ya cosas en mente, pero no te limitaré, pues ciertamente tus pensamientos son más altos que los nuestros y tus caminos más amplios que los nuestros.

Te amo, Papá.

CONTEXTO BREVE SOBRE
EL IMPACTO DEL CIELO

Este escrito nace de la importancia que tienen para mí los pequeños gestos, esas acciones que nos hacen ser, esas formas de observar, comprendiendo que algo grande no impactará si primero no ha sido semilla.

Entender el valor de los detalles, la fuerza de la huella que dejan las mal llamadas "acciones pequeñas", nos llevará a tener un mundo con cosechas grandes y raíces firmes.

EL IMPACTO DEL CIELO

Cuando pienso en la palabra *belleza*, siempre pienso en las cosas que para todos parecen pequeñas: una taza de café a la luz del sol, una buena conversación con Dios, un abrazo (de esos de corazón a corazón), el escribir sin pensar cuántas frases se van a plasmar tras unas cuantas letras.

Cuando observo a mi alrededor, no lo suelo hacer desde esa óptica convencional de belleza; observo desde las cosas pequeñas:

Una mirada

Una sonrisa

Un gesto amable

Un *buenos días*

Un *cómo estás*

Un *aquí estoy*

Una palabra de aliento

Lo que nos hace ser es aquello que parece imperceptible, eso que se manifiesta en lo que humanamente llamamos "pequeños gestos"; a través de ellos estamos impactando nuestra eternidad, ningún gesto bueno o malo que hagamos cae por tierra, todo tiene un impacto y una trascendencia eterna. Si nuestro contenido es eterno, nuestros actos también están destinados a tener un impacto eterno.

Impacta con sabiduría del cielo, sé ese canal que establezca los diseños de Dios en esta tierra.

No solo los que parecen grandes actos tienen un impacto, todo empieza desde lo pequeño; por ejemplo, tú te cobijas bajo la sombra de un árbol grande, pero antes de que ese árbol pudiera dar sombra estuvo primero en la mente de alguien que se dijo: "¿Qué tal si siembro un árbol aquí?". Esa persona buscó la semilla, la plantó, y a su tiempo la tierra produjo lo que portaba la semilla: ese árbol que hoy te cobija.

Todo comienza desde pequeños gestos, no sabes a quién hoy le estés mejorando su día con tu abrazo, con un *buenos días*; o tal vez estás ayudando con una oración a alguien que lo necesita.

Nunca subestimes el impacto que tendrá eso que hoy parece ser insignificante; si con el tiempo una pequeña semilla llega a ser un árbol que da sombra, a su tiempo también verás que todo gesto, por insignificante que te parezca, está destinado a tener un impacto. No permitas que los afanes de la vida ahoguen esas semillas que están destinadas a ser sembradas por tus manos.

Da de gracia lo que de gracia has recibido.

CONTEXTO BREVE SOBRE *EL VESTIDO*

El vestido retrata la importancia de saber que aquello que entalla nuestro ser y nos da forma hasta hacernos conforme al diseño original para el que fuimos creados, solo se consigue estando en las manos del Espíritu Santo.

Este relato lo escribí en Madrid, en un contexto de mi vida en el que su mano ya había empezado un trabajo de sanidad maravilloso para el que se sirvió de varias personas; sin que ellas mismas se dieran cuenta, su aporte a mi vida tuvo un impacto que el Señor usó para sanarme de heridas muy profundas, y aunque hoy en día faltan ajustes, la persona de ese momento hoy es otra.

El VESTIDO

Dejarte vestir por el Espíritu Santo es portar el mejor vestido para caminar tu vida, porque solo Él conoce el tallaje que encaja a la perfección con el molde que tú eres.

Él fluye como los ríos, es resplandeciente como el sol, tranquilizador como un silbido apacible, sonríe a carcajadas (o al menos así lo veo yo), creo que le encanta hacernos reír, y disfruta viéndonos ser como niños dispuestos a columpiarse sin cesar, a la luz del amanecer.

Él se sienta a nuestro lado, y creo que admira con amor su obra cuando nos restaura, nos abraza y, como un susurro, dice: "¡Estoy contigo! Nunca te he dejado, y nunca te dejaré".

Permitir que Él nos vista, nos llene, nos empodere, permitirá que tengamos un cambio, orientado a llevarnos de su mano a ese diseño original que Él estableció en el cielo para nosotros, y, además, restaurará otras vidas a través de nosotros.
Él sabe que los corazones gravemente heridos no pueden entender la razón de por qué o para qué están en esta tierra, hasta que no son sanados.

Permitir que Él fluya a través de ti es asegurar un cambio, no solo para tu corazón, sino para el de otros seres humanos que a su tiempo Él transformará, contigo como instrumento eficaz en sus manos. Al Espíritu Santo le encanta restaurar conforme a su propósito para con cada cual, le gusta reescribir las hojas de vidas rotas, cambiar el lamento en baile, quitar las vestiduras roídas y colocar su manto de alegría en lugar de espíritu angustiado, para darnos en Él propósito y destino.

CONTEXTO BREVE SOBRE *EL LAZO*

El lazo es, sin duda, un escrito personal, dedicado a una mujer que el Señor ha usado grandemente en mi vida, pero también escrito en un escenario de despedida.

Debía partir de Madrid a Tenerife, y un *hasta pronto* era inminente; una vez más mi mundo cambiaba de emplazamiento, y los planes de Dios conmigo se dirigían en una dirección para mí desconocida, pero siempre he sabido que Él me habla a través de cada letra que me permite plasmar, y esta no fue la excepción.

El lazo más grande es con Él, mi Señor, pero por gracia me ha permitido tener lazos con personas maravillosas, a través de las que ha cambiado mi vida. Eduardo y Begoña (*papá* y *mamá*, como les digo cariñosamente) están entre aquellas que han marcado la diferencia en mí, por obra de Él.

En este escrito, aludo a la maravillosa pureza con la que Dios teje los lazos de nuestras vidas. Él, sin duda, me habló, así que os invito a encontraros entre estas líneas que leeréis a continuación.

EL LAZO

Dios dijo: "¡Yo haré lazos nuevos!".

Cuando el Padre me dio esta palabra, no la entendí en su plenitud; hoy entiendo una parte de ella, aún no alcanzo a ver su amplitud, pero comprendo en gran manera su extensión.

Un lazo (para mí, en mi lenguaje) es un vínculo, y Él lo hace perfecto, fuerte y de un color y matiz diferentes con cada persona; para cada lugar, país o territorio hay un lazo diferente, nada en Dios se repite, cada diseño es único, al igual que cada vínculo que Él entreteje con sus lazos de amor.

Él da forma a los lazos de nuestra vida de una manera sin igual desde que estamos en el vientre de nuestra madre, sin que lo sepamos; y no solo nos está dando forma a nosotros, sino también a una cantidad de vínculos y relaciones tan grande que ni imaginamos. Él no solamente nos da vida a nosotros; Él orquesta de forma personalizada la vida de nuestro mundo. Me encanta expresarlo del siguiente modo: "Dios cuida los detalles de nuestra vida".

No en vano está escrito: "Muchos son los caminos del hombre, pero solo hay Uno que decide sobre ellos".

Hay lazos que son como las flores: el color de ellos tiene un significado. En las flores, como en los lazos, el rojo significa amor, un amor de pareja o pasional, el amor en su esencia apasionada, pero cada lazo o color representa algo distinto.

Al pensar en el lazo que Papá creó para Bego (*mamá,* como le digo yo cariñosamente) y para mí, e imaginar su color, a mi mente (como un susurro de su Espíritu) vino la palabra *magenta.* Entre sus significados podemos encontrar los siguientes:

- El magenta (o *fucsia*) es un color que durante siglos se ha asociado con la espiritualidad y la bondad.
- De acuerdo con distintas culturas, se trata de un color que matiza los efectos del odio y que se relaciona con el amor puro. Es una mezcla entre los colores primarios azul y rojo.
- En la Biblia, el color magenta representa principalmente el color de las heridas de Cristo y su sangre derramada cuando fue atravesado en la cruz, ya que fue una mezcla de sangre y agua que la hizo más clara de lo habitual. Además, en la iconografía cristiana, el vino servido en la copa que Jesús de Nazaret dio de beber a sus discípulos en la última cena era, según las Escrituras, de un color rosado oscuro o fucsia.

Por todas estas razones, el color magenta significa en la Biblia unión, esperanza, espiritualidad, sacrificio, fe y amor al prójimo. Por otra parte, si atendemos al significado del color magenta en psicología, las personas que se identifican con este tono son individuos con mucho apego a la bondad y a la compasión.

Doy este abreboca de la amplitud de su significado porque, sinceramente, Dios no deja de impresionarme; pero de todo lo expuesto me quedo con que representa el amor puro, asociado a la bondad.

Hay lazos que, una vez hechos por las manos de Papá, nunca dejan de ser. Me alegra haberle dicho sí a esta aventura de venir a España para ver la bondad de la obra de las manos de Dios en mi vida, a través de este lazo que hizo para las dos. En lo personal, pienso que algo tan sencillo, pero tan magnífico a la vez, solo puede ser hecho por las manos del Maestro.

Todos tenemos lazos perfectos confeccionados por sus manos; visualiza los que Él preparó para ti, y agradécelos, atesóralos y cuídalos.

Mis primeros tres años en Madrid fueron muy hostiles, y yo estaba muy herida, desconfiaba de todo y de todos, lo que menos deseaba era conocer gente; pero Dios no juega a los dados, y ya me tenía un encuentro preparado con Bego y Edu (*Ma* y *Pa*), personas que permitieron al Espíritu Santo vestirse de ellos para sanar mi corazón, para apreciarme un poco más, para valorar la belleza de lo que antes me parecía tan imperfecto en mí. Hoy lo veo perfectamente hermoso porque me ayudaron con un amor de padres, de amigos, de hermanos, a verme más con la óptica amorosa de la persona del Espíritu Santo.

Hay vidas en esta tierra que para ciertas historias de otras vidas juegan un papel importante; Dios deja a nuestra elección asumirlo o no porque nos dio libre albedrío.

Gracias por todo vuestro compromiso para con mi vida en el tiempo que Dios me permitió reposar en ese nido de sanidad que es vuestro hogar. Ese nido que conformáis tú y papá (Edu) realmente es sanador porque está la mano del Espíritu Santo en él. ¡GRACIAS!

Eres mi lazo color magenta, y Dios no va a crear otro igual; porque no repite diseños, hará otros, con otras tonalidades, de otras dimensiones, con su propia belleza, pero el tuyo es especial, único para mi vida y en mi vida.

Sin duda, Dios sabe hacer lazos perfectos, da los mejores colores y las mejores formas. Cada persona es única, cada vínculo distinto y cada lazo especial; pero, ciertamente, el nuestro es tan bonito que está sellado con delicadeza, hecho de material fino y un color reluciente.

Gracias por tanto amor puro, por cada abrazo, por ese *buenas noches, cariño;* por tus *te quiero, Emilia bonita;* por cosas tan gansas como *a ver adónde vas tú con una maleta tan grande,* o los típicos *cariño, me encanta meterme contigo e incordiarte un poco;* nuestros tropiezos, que son épicos: pocos se tropiezan con sus propios pies; tantas y tantas cosas vividas en el día a día.

Gracias por abrirme la puerta y dejarme entrar, es un privilegio. He conocido a unos seres preciosos, que espero abrazar y vivir hasta que Papá les deje en este plano.

A mí, me encanta abrazarlos, observarlos y guardarlos, escuchar sus risas, un *mamá, qué,* o el típico *no estoy molesto, estoy enfadado;* que siempre las llaves giren de tu lado y que nunca me falte un *qué tal, cariño.* O esos tan deseados cafés junto a ti con nuestras preciosas conversaciones sobre el Espíritu Santo.

Os amo, aprecio el saberos bien, imaginaros felices. Me da alegría escucharos, y las cosas tan simples como un *te quiero, mamá,* o un *Emi, ¡hasta cuándo te estiras la pestaña!,* común comentario de Edu por lo que tardo en arreglarme para salir de casa. Las sesiones de cine tirados los tres en el sofá no tienen precio.

Amo imaginar el futuro, y veros en él.

Os amo, para mí sois tan importantes, tan especiales.

Dejo este homenaje plasmado para nunca olvidar la importancia de impactar a las personas con el amor de Dios, ese amor que hace lazos correctos, limpios, sanadores, y lleva una vida de oscuridad a la luz.

Escrito queda para que a mí misma no se me olvide dar de gracia lo que de gracia el Espíritu Santo me permitió recibir en el hogar que conforman Bego y Edu.

El amor de Dios dado a través de cada uno de nosotros no cuesta dinero, pero salva vidas. Mi propia vida es testigo fiel del impacto de su amor.

CONTEXTO BREVE SOBRE *IMAGEN Y SEMEJANZA*

Imagen y semejanza es una reflexión de mi niñez en un tiempo que estaba viviendo en casa de mi abuela en Caja Seca, Venezuela.

Este breve texto ilustra la profundidad que para mí tenía en aquel momento estar hecha a imagen y semejanza de Dios.

IMAGEN Y SEMEJANZA

Estamos creados a imagen y semejanza de Dios, es decir, somos seres tripartitos como él y tenemos poder de palabra, como a él le plació. Ahora bien, ¿cuántos dejan habitar el corazón de Dios en ellos? Aquel corazón que trae consigo amor, paz, justicia, entrega genuina para con los otros, dolor por el padecimiento de los demás y dicha por el gozo del prójimo. Un corazón que no es mezquino, ni hipócrita, ni injusto, sino que es perfecto porque en él hay verdad.

Muchos ante esto diremos: "misión imposible"; pero, si Dios se perfecciona en nuestra debilidad, aún más lo hará en nuestra búsqueda de lo bueno, agradable y perfecto, conforme a los deseos de su corazón, hasta que estos deseos se vuelvan los nuestros.

¡Pensemos cuántas proezas no hará Dios con un corazón que quiera ser semejante al suyo, al cultivar sus maravillas! Dios necesita semejantes de corazón, tierra fértil que dé fruto conforme a sus designios, ciudad que solo florezca a través del manantial de vida que es Él mismo en nosotros.

No hay semejanza si no damos paso a una transformación de acuerdo con el corazón de Dios. No seremos su imagen mientras no dejemos florecer sus obras, que vienen de lo profundo de su amor. Por tanto, el amor del corazón de Dios en nosotros nos hace semejantes a él, y la manifestación verdadera de ese amor al mundo nos hace su imagen.

La imagen de Dios va más allá de la conformación tripartita del ser, y la semejanza, más allá del poder de palabra que nos fue entregado como un regalo precioso para que proclamáramos en su nombre, y fuera hecho.

Si no está el amor de Dios, aunque haya manifestaciones poderosas de dones, no servirá de nada, y si no hay obras que estén movidas por el genuino amor de Dios en nosotros, también será inútil.

Nada hace aquel que, haciendo mucho, obra sin un amor semejante al que posee el corazón de Dios.

"Y ahora permanecen la fe, la esperanza y el amor, estos tres; pero el mayor de ellos es el amor" (1 Corintios 13:13).

CONTEXTO BREVE SOBRE *LA CASA Y EL PADRE*

La casa y el Padre es un texto inspirado en el entendimiento que, desde mi perspectiva, tenía Jesucristo sobre el amor de su Padre.

Expresa en gran medida cómo siempre me he imaginado que Jesucristo pudo soportar el proceso de crucifixión sostenido desde ese amor.

Detalla un amor que, cuando comprendemos, sin duda nos da identidad de hijos.

Está profundamente inspirado en la manera en que Dios me ha arropado como Padre con un amor y una bondad que me ha sostenido, quitándole peso a cada proceso de dolor que he vivido en mi caminar por esta senda de vida.

LA CASA Y EL PADRE

"Ciertamente tu bondad y tu amor inagotable me seguirán todos los días de mi vida, y en la casa del Señor viviré por siempre" (Salmo 23:6).

Tener la certeza de que la bondad y el amor de Dios nos seguirán todos los días de nuestra vida es conocer a un Padre en su profundidad.

Cuando leo esto, me imagino a Jesús con la seguridad plena de la bondad y el amor que había en su Padre para con él, Jesucristo hombre; más aún, lo imagino seguro de la provisión que ese Padre le daba al saber que en la casa de su Papá viviría por siempre.

Cuando pensamos en las proezas de Jesús en la tierra, sabemos que fueron posibles desde el sostenimiento de Dios; pero, más que el mero sostenimiento, había en Jesucristo una seguridad en el conocimiento de las profundidades del corazón de su Papá.

El ser humano, la iglesia, la sociedad, el hombre en sí en su corazón está desprovisto de esa certeza, porque la gran mayoría tiene una idea preconcebida o sabe algo acerca de Jesús, del Rey, del Gran Yo Soy; pero no conoce al Padre que hay en Él, ese Padre que dio a su hijo unigénito para que todo aquel que en Él crea no se pierda, mas tenga vida eterna, ese Padre que no solo te invita al salón de Su casa, sino que te garantiza habitar en ella todos los días de tu vida.

Dios no anda "a medias tintas", Él no deja nada incompleto, y, ciertamente, es el de los muchos nombres: Él sana, salva, libera, restaura y da provisión, pero sobre todo es Padre; y si a un padre no se le ama por la herencia que deja, a Dios no se le deberá amar por los dones, talentos o regalos que nos entrega. Al Padre se le ama desde el conocimiento y entendimiento de su corazón. Y el amor de Dios nos lleva a conocer de qué estamos provistos por medio de nuestro Señor.

Jesús no venció por sí mismo, sino desde el conocimiento que tenía del amor del Padre. Cuando pienso en el momento de Jesús en la cruz, imagino que tenía en su mente el corazón de su Papá, y que Dios sostenía el corazón de Jesús entre sus manos; de esa manera ambos eran uno, viviendo ese tiempo en la cruz desde el poder del amor del Padre y la comprensión que tenía el Hijo sobre tal amor. Desde la profundidad del entendimiento del amor de su Padre por Él y por la humanidad, Jesús logró vencer la muerte en la cruz para darnos vida y acceso al Padre que Él conocía.

Siempre he pensado que Jesús no solo quiere que conozcamos una biografía sobre quién es Él y cómo venció; Él desea que vayamos un paso más allá, que entendamos que su sacrificio nos da acceso directo al corazón del Padre, y que los dones, los milagros, las lenguas, la sanidad y la provisión palidecen ante el hecho de habitar en la casa del Señor como hijos.

Habitar en las profundidades del corazón de Dios como Padre es lo que realmente te da identidad, y desde esa identidad es desde donde verdaderamente podrás imitar a Cristo. No hay fórmulas, solo reconocernos como hijos y caminar desde el entendimiento y la vivencia del corazón y del amor del Padre.

CONTEXTO BREVE SOBRE *HAZME ÁVIDA DE TI*

Este escrito nace de una profunda necesidad en mi alma de más de Dios. Es un clamor de rescate, salvación, libertad y renovación, que solo puedo encontrar en Él. Está enmarcado en una necesidad intensa de más de su persona, su amor y su presencia en mí. Necesidad de Él.

Espero que esta intensa necesidad en mi alma de Él se quede contigo, porque anhelarle cada vez más es anhelar con fervor la vida.

HAZME ÁVIDA DE TI

Dios de milagros, maravilloso, Dios poderoso. Eres lo más extraordinario que ha pasado por mi vida. Que te quedes no es una opción que quiero sortear con la vida, porque yo te necesito aquí, te quiero aquí, eres la luz que hace resplandecer mi mañana; aun cuando mi alma se llena de tinieblas, tu pureza le da vida, y cuando mi vida cae en el hoyo, tu mano la rescata.

Eres más que mi asignatura pendiente, eres mi necesidad viviente, porque si tú estás aquí, caigo, pero no muero, porque vivo para vencer en medio de la corrección de tu querer.

Mi alma te necesita, mi ser te reclama, mis pensamientos quieren tu renuevo, y esta batalla de la mente necesita de tus armas, que mis letras no se callen, que ellas hoy hablen. Quiero correr hacia ti, quiero habitar hoy ahí, en tu interior, mi Señor, donde el mundo se hace pequeñito y siento que nada falta. ¿Dónde puede estar el mayor amor de todos, la mejor corrección y un abrazo reparador? Solo en ti, Jesucristo.

¡Escucha, oh, Señor!

Mi alma a ti clama.

En las ruinas del tiempo ha caído,

en tu mano está hoy su libertad.

Toma fuerte hoy mi ser, amado mío,

y construye un altar digno de ti.

Reconstruye hoy el templo en tu amada,

y vive siempre en mi vida, Elohim.

Eres todo lo que conozco

como bueno, puro y valeroso;

ya esta vida no respira sin ti,

tu promesa la mantiene,

y mi sonrisa cada mañana

depende de saberte allí

donde te puedo guardar para mí.

Ayúdame a caminar

y hazme ávida de ti.

Que el cielo y la tierra se unan

en ti y en mí,

con tu abrazo y tu sonrisa.

Que este corazón

sea un manantial de honestidad

delante de ti.

Donde esté, déjame saberte allí.

Vive siempre aquí en mí.

Corrige mi vida, déjame ser a mí

un fruto de tu nombre, que es vivir.

Haz un templo santo para ti,

de esta vida que se sustenta en ti.

CONTEXTO BREVE SOBRE *EL CANTO DEL AMADO*

Este poema surgió una madrugada de insomnio en la que hablaba con mi Señor, y la conversación es un verso hecho poesía, que canta mi amor por Él y su amor por mí; pero, sin duda, se aplica así mismo a ti que me lees y a Él contigo.

Es la historia de un rescate, de una espera que termina en amor, de una entrega y de la fidelidad más absoluta, esa que solo Dios sabe dar.

 Te invito a que disfrutes esta lectura como néctar de miel a tus labios, que endulce tu corazón, porque sin duda te llevará directo a sus brazos, los del amado de nuestra alma.

EL CANTO DEL AMADO

En un halo de recuerdo se dibuja su sonrisa y a través de un cristal

se desliza una lagrima que grita: "¡El socorro está pronto!

-Él me dice-

A la puerta se dibuja su silueta; tras ella, mi sonrisa que lo espera

¡Vuelve pronto, amado mío,

porque el sol se hace desierto cuando tú no estás aquí!

No te vayas hoy muy lejos, mi amada,

que los días ya son cortos, ¡oh!, sin ti.

Apresura hoy tu paso a mi encuentro,

¡ya no temas al destino que está en mí!

Pues yo soy el Hacedor de todo el cielo,

de la tierra y su confín que ríe aquí.

No temas a lo alto o lo profundo, y no mires lo difícil.

¡Cree en mí!

En tu mano está el canto que yo amo;

en tu voz tengo complacencia.

¡Cree en mí!

Que tus dedos hoy me sigan a mí la huella

y que escriban pronto un *¡ya estoy aquí!*

Tú no temas ni desmayes,

¡vence ahora!

Porque en mí tú ya puedes ser feliz.

Que tu canto grite fuerte hoy mi nombre,

que tus pasos corran hoy ya hacia mí.

¡Tú no temas ni desmayes!

¡Estoy en ti!

Vive siempre, corre fuerte y muy rápido;

solo esto quiero: no me dejes de reír.

Sé la niña que corría por mis campos,

sé la voz que acaricio,

¡sé, oh, mi jardín!

Sé el sueño que te dormía cada noche,

sé la luz que brilla fuerte y está en ti.

No detengas hoy tu vuelo, mi dulce y tierna doncella de amor:

¡Oh, ven a mí!

Canta fuerte a mi oído,

¡ven aquí, que te espera el amado en su jardín!

Tu amada ya está presta, vuelve a ti.

¡Toma fuerte, oh, mi mano!

¡Creo en ti!

Que el camino sea uno junto a ti,

que el cielo hoy cante para ti.

Te bendigo y te honro a ti, mi amado.

Creo en todo lo que es justo y está en ti.

Tú ceñiste ya mi alma de tu gozo,

Tú me fuiste torre fuerte,

Tú me amas, me rescatas y me honras,

Tú me cuidas en tu gracia, dulce Elohim.

Eres bello, eres fuerte, siempre tierno.

Eres gracia muy amada hoy por mí.

Que no calle la boca de mi amado,

que me tome entre sus brazos y venga a mí.

¡Corre fuerte, mi precioso Elohim!

En tus brazos, en tu seno está todo;

en tu rostro está el reflejo del vivir.

Eres vida, eres canto, eres gozo.

Eres fiel, eres eterno, estás aquí.

Que hoy tome de tus mieles tu amada,

que hoy viva para siempre solo en ti.

Te bendigo y te honro.

¡Creo en ti!

CONTEXTO BREVE SOBRE *EL CAMBIO DE LOS TIEMPOS*

Se trata de un texto que invita a reflexionar sobre la importancia de manifestar la autoridad de Jesús (desde el conocimiento de quién es Él) sobre una humanidad que ha dejado de necesitar simplemente reglas morales, porque desde el principio lo que ha necesitado es esa autoridad, gobierno y señorío de Aquel que murió en la cruz. Aquel que es mucho más que la suma de sus definiciones.

Jesucristo es la demostración de amor, poder y autoridad más preciada que el mundo puede conocer, el único capaz de traer un gobierno que establezca la paz, porque Él es la única persona eficaz para darnos identidad de hijos y revelarnos para qué estamos en esta tierra.

EL CAMBIO DE LOS TIEMPOS

El que cambia los tiempos estableció una verdad universal en su palabra: Jesús es el camino, la verdad y la vida; nadie llega al Padre, si no es por el Hijo (Juan 14:6).

 Al parecer, todos sabemos o hemos escuchado algo sobre este versículo, pero muchos hemos olvidado lo esencial de esta afirmación: **Jesús**. La declaración en sí misma no tiene sentido; quien se lo otorga es la persona de autoridad que la pronuncia. Porque yo puedo decir: "Tranquilo, hermano, hay un camino para usted, hay una verdad y tiene la vida". Pero ¿quién hace el camino, ¿quién representa y es la verdad, ¿quién otorga y es la vida?

La iglesia se ha llenado de muchos preceptos y fórmulas estructuralmente muy cristianas, pero que invalidan en numerosas ocasioncs la autoridad de Jesús.

La Iglesia, los colegios y el resto de instituciones formativas han establecido reglas perfectamente correctas y morales que se deben seguir, pero han olvidado de lo más importante: enseñar quién es el Ser que está detrás de cada precepto magníficamente dispuesto en la Palabra, en la Biblia, para que haya orden, señorío y dominio del bien que representa Jesucristo para la humanidad.

Pueden decir, por ejemplo: "Conozcan y admiren *La Gioconda*, porque la creó Leonardo Da Vinci. ¡Qué gran hombre!". Pero han olvidado presentar al mundo al gran hombre que es Jesucristo, Aquel que, siendo todo hombre, también fue todo Dios, lleno del Espíritu, y que no es vana palabrería, sino demostración de poder y autoridad.

Preceptos como "no mentirás" fueron dichos por Jesús; por ende, no son simples reglas morales que intentan regir la conducta sin tener un valor aparente. El solo hecho de quién lo dijo le otorga el más alto valor a cada estatuto establecido en la Biblia. Si a la palabra le quitamos la autoridad, entonces no tiene validez en sí misma.

Voy más allá: si no presentamos al Señor como ese Dios que entregó a su único Hijo para librarnos de la muerte, del pecado, de la enfermedad, la iniquidad y la pobreza en todas sus formas, si no entendemos que llevó cautiva toda cautividad, si no conocemos y ahondamos en el poder de la cruz, me pregunto: ¿qué Jesús de autoridad vamos a presentarle al mundo?

Un mundo que ya está harto de reglas morales que caducaron para muchos, por el mero hecho de no entender ni conocer de dónde provienen, ni quién las promulgó; por supuesto, mucho menos conocen al que las estableció.

Las bases del orden mundial están en decadencia porque la moralidad en sí misma está muriendo y no tiene peso, porque todo lo que tiene sustancia y validez está en la palabra, pero desde el entendimiento y la manifestación de la autoridad de

Jesucristo a través de cada una de sus palabras.

Porque, señoras y señores, las preguntas llegan, y si no sabemos guiar a nuestros niños y jóvenes, y aún no sabemos dejar que el Espíritu Santo nos guíe a nosotros mismos a buscar las respuestas en el sitio correcto, en la persona correcta, llegará el momento de declive, un declive que lleva al caos, porque cuando se desconoce el sentido de autoridad y de identidad es fácil coger cualquier camino, ya que de fondo hay una ignorancia de Aquel que es el Camino.

Los niños y jóvenes se preguntan: *¿quién eres tú, papá o mamá, para decirme lo que tengo y lo que no tengo que hacer?*; se dicen a sí mismos: *ya estoy harto de que me digan lo que debo hacer.* Por último, para completar la triangulación de este problema, cuando les preguntan a sus padres: "Mamá, papá, ¿por qué no debo ir allí?", "¿por qué no debo hacer esto?", la respuesta de los padres en su mayoría se resume en un *porque yo lo digo, y punto; no se hable más del asunto.*

Todo este despeñadero al que se ha precipitado la sociedad actual se produce porque se ha eliminado el principio de autoridad que es y representa Jesús, sobre todo aquello que Él estableció y creó. No basta solo con aceptar que Jesús existe; hay que creer que existe, saber quién es, por qué estableció cada principio y con qué fin.

Un Jesús manifiesto, pero incomprendido, es como un cheque al portador sin haberlo cobrado: puede tener un valor cuantioso; pero si no entiendo su beneficio para mi vida, y si no comprendo que necesito canjearlo en el banco para empezar a disfrutar de lo que ya es mío, entonces difícilmente veré la riqueza de lo que por gracia ya está en mis manos.

Dios dice en su palabra que Él es la cabeza de la iglesia y la cabeza del hombre; y el hombre, la cabeza de la mujer. La función de la cabeza es ejercer gobierno, señorío; es dirigir con diligencia el cuerpo.

Mi pregunta es: ¿Es culpa de Dios la crisis que enfrenta la iglesia, la familia y, por ende, la sociedad? ¿O estaremos actuando bajo nuestras propias fuerzas? ¿Queremos ser dirigentes sin Dios? ¿Queremos gobierno sin un entendimiento de quién es Jesús?

Personalmente, creo en un Dios que establece y cumple, que rige con autoridad, dominio y señorío; pero estamos ante un problema, y es el siguiente: Dios no puede ser Señor de una iglesia que no le haya entregado ese permiso para enseñorearse sobre ella; no puede ser Señor de una familia que no le haya pedido expresamente y de todo corazón que lo sea; no puede tomar el señorío de una sociedad que lo desconoce.

Dios no puede ayudar ni salvar aquello de lo que no es Señor; no en vano, recibir a Jesucristo en el corazón debe partir de declararle primero nuestro Señor y, a continuación, nuestro

Salvador.

Hay millones de personas que han conocido al Jesús Salvador; sin embargo, aun viviendo con Él no tienen la dirección del Señor que encamina, enseña y dicta parámetros que te dan vida.

Él te brinda un amor que no es tóxico, te ofrece un amor que es la sanidad y medicina que necesita la Iglesia, la familia y la sociedad en general.

En la medida que se comprenda por qué Jesús decide morir en la cruz y qué legado Él nos dejó, en la medida que lo entendamos a Él, daremos mérito a su autoridad; de esa manera sus preceptos no serán solo una regla moral, sino que se experimentarán como una regla de vida, porque justamente hacen eso: dar el balance correcto a la vida en sí misma, representada en Jesús y su sacrificio, en Dios al renunciar a su Hijo y en el Espíritu Santo al asumir el reto de ser consolador y amigo. Las tres personas de la Trinidad tienen parte en esto, porque hay un antes, un durante y un después del sacrificio de Jesús.

El Dios que es la grandeza, Aquel que es Señor, está haciendo un llamado general a la Iglesia, la familia y la sociedad, a todo el que cree en Él. El tiempo de cambio viene de su mano, no de actuar con nuestras propias fuerzas.

Hay una sociedad que pide a gritos ayuda, cambios profundos que saquen del terreno de juego a una religiosidad que no ha ayudado en nada; por el contrario, ha perjudicado a un pueblo, ha adormecido el espíritu, ha enfermado los cuerpos y ha corrompido el alma con estructuras y moldes rígidos que se han establecido en la mente de los hombres por su causa.

Creo que si hay una verdadera disposición de la Iglesia de permitirle a Dios ser Señor en todas sus áreas, no habrá nada que detenga a un hijo de Dios para mostrar a ese Jesús que vino a manifestar un reino, y a un rey que no está muerto, ni es inerte: Él vive y anhela que le permitamos hacer cambios; Él quiere y desea establecer su señorío, autoridad y salvación para beneficio nuestro; Él no tiene muchas fórmulas, sencillamente ama. Y el amor desea todo lo bueno, agradable y perfecto.

El Señor no soporta ni desea la división, la mutilación del cuerpo, la incredulidad, la mentira, el creer que una denominación religiosa es capaz de salvar; nadie tiene la verdad absoluta en su mano, solo Él es la Verdad absoluta: quien le siga e intime con Él habrá conocido la verdad, y la verdad le hará libre.

La libertad sin Dios solo es libertinaje vestido de esclavitud, y más temprano que tarde destruye.

 No hay reforma poderosa si minimizamos a nuestro Dios, si no le dejamos actuar en el esplendor de su potencial.

No se dará un cambio social si no restablecemos primero la autoridad de Jesús en su iglesia. Si no entendemos que su autoridad es la que da validez a sus principios, entonces estaríamos hablando de unos principios que no comprendemos; al no comprenderlos, pasan a ser simples reglas morales que promulgamos desde nuestro parecer de lo que Dios quiere decir, los ejecutamos desde nuestra óptica y los enseñamos, adoctrinando a las personas con principios que carecen de valor cuando no se conoce la raíz que los diseñó; por ende, se dificulta un cambio dentro del cuerpo de Cristo. ¡Con mayor razón está siendo duro que se vea un cambio fuera del cuerpo de Cristo!

"y ni mi palabra ni mi predicación fue con palabras persuasivas de humana sabiduría, sino con demostración del Espíritu y de poder, para que vuestra fe no esté fundada en la sabiduría de los hombres, sino en el poder de Dios" (1 Corintios 2:4-5).

CONTEXTO BREVE SOBRE *EL MENSAJE*

El mensaje surgió después de un tiempo de oración en el que con todo mi corazón le pedía a Dios por alguien a quien yo amo profundamente, pero que, sin duda, es más amado por Él que por mí.

Cuando yo acabé de abrir mi corazón ante Dios, Él me dijo: "Escribe y envíale esto que escribas, porque el remitente soy yo".

Esta es una carta abierta de Dios aplicable para cualquier alma que se sumerja en la profundidad de cada palabra aquí escrita.

EL MENSAJE

Algunas veces nos sentimos solos y desdibujamos esa soledad en medio de una sonrisa, de la algarabía del día a día; pero nada, ni siquiera el entusiasmo de todos los que nos rodean, puede cambiar eso que sentimos.

El corazón suele revestirse de una cubierta que solo en soledad toma reposo y habla verdad.

 La vida demanda; el camino es duro y exigente; los éxitos llegan, la risa también (y con ella la compañía); pero, aun así, nada parece estar completo.

El camino ha dejado heridas, placeres momentáneos y hallazgos de un trocito de felicidad que parece desaparecer por completo al llegar la noche en medio de la cama, al compás de las voces del televisor.

El alma, por su parte, inquieta e impetuosa busca una salida y lucha sin parar, aunque siente que es demasiado peso para arrastrar en soledad; en medio de sus aperturas es hermética e insegura, temerosa de un daño más, una pérdida más, una cárcel más. Quiere seguir gritando por libertad y lo hace, pero a veces se acalla en medio de la oscuridad, sin manos que la guíen. Muchas veces se divierte, y en medio de la diversión se pregunta: "¿De dónde vendrá mi socorro y mi luz?". Y sus puertas son tocadas y tocadas, pero ella no ha querido abrir. "Puede ser peligroso" -se dice-. "Es más segura mi inseguridad que un camino por recorrer, o que un nuevo inquilino para hospedar".

"Aquí no es, te has equivocado" -le dice a quien toca su puerta-; sin embargo, el que toca le responde: "Sí, sí eres tú la que busco, estoy seguro de que eres tú. ¿Has gritado por socorro en medio de tu soledad?". Ella responde: "Sí, lo he hecho; ¿cómo lo sabes?".

"Yo lo sé todo y lo veo todo".

-Ves, estoy seguro de que eres tú quien yo busco, y sin importar cuánto tardes en abrir la puerta aquí estaré, atento y vigilante.

-Yo no te busqué -le dice ella-. ¿Por qué estás tras mi puerta, esperando?

-Porque yo no he olvidado mi pacto contigo, y no partirás sin ver mi luz.

"La vida te ha vestido y desvestido, tratado y maltratado, pero yo te revestiré y te hermosearé para mi gloria. En tu camino no me has visto, no me has dado paso, pero yo te tomé desde tu nacimiento, y ese abrazo de padre que tanto anhela tu corazón vendrá de mi mano, para tu gozo y por mi amor hacia ti.

"Tarde no significa nunca; tarde para ti es justo a tiempo para mí.

"Sé esperar, cumplo y cumpliré, porque soy justo. Y lo que un día fue oscuridad, será lugar de luz para ti; lo que fue tristeza, se sustituirá por mi gozo; tus dudas se disiparán por mi verdad, mi verdad te hará pura y libre.

"Lo que un día fue fango, lo convertiré en pastos verdes donde reverdece el alma, donde hay paz para el corazón y seguridad para el espíritu.

"En el camino has pasado por el fuego, muchas veces te has quemado y te has herido a ti misma; pero yo te seré por vendaje, tu sanador seré yo, que conozco cada cabello de tu cabeza; cada pensamiento, cada lágrima, cada dolor, cada por qué, cada duda, cada paso y cada peso que llevas al andar, cada cosa la supliré, porque perfecta medicina te seré.

"Te tomaré por completo para ser esa mano liberadora, ese abrazo de padre, esa unidad de hermano, ese consejo de amigo, esa enseñanza de maestro y ese amor que llene cada clamor de tu corazón y cada temor de tu alma.

"Así conocerás que son mi amor y mi misericordia los que te llaman y tocan a tu puerta, esperando para entrar y ser huéspedes de una vida que será el altar de mi reposo, de mi victoria, de mi gozo y de tu paz, de tu amor, de tu verdad, de tu libertad y de un *siempre contigo hasta la eternidad.*

"Yo siempre te he esperado, te pienso, te cuido y te admiro como una obra delineada por mi perfecto amor, porque obra mía eres tú.

"Tras tu puerta estaré esperando para entrar, como el amado que espera anhelante a su amada, porque a su tiempo yo cumpliré y te daré todo lo que he hablado a tu vida, por mi pacto, por mi amor, mi justicia y mi verdad.

Atentamente,

Dios

CONTEXTO BREVE SOBRE *LA INVITACIÓN*

Este escrito llegó en un momento en el que mis Pastores de entonces me pidieron llevar una enseñanza a los jóvenes de la que fue mi iglesia, en Venezuela por casi siete años; cuando le pregunté a Papá qué deseaba que compartiera de aquella experiencia, me dio esta enseñanza que hasta hoy guardo. Espero ministre vuestro corazón tanto como me impactó a mí en ese entonces, con tan solo veinticuatro años, un anhelo vibrante por conocerle más y todas las ganas de ir hasta el fin del mundo con Él.

Muchas cosas pasaron desde la invitación hasta ahora, pero puedo decir que fiel es Aquel que me ha sostenido y traído hasta aquí de su mano.

LA INVITACIÓN

Siempre he imaginado a Dios escribiendo con gran entereza e interés todos sus planes y leyes, pero en medio de todo lo he pensado redactando una gran invitación para su iglesia, donde dice: "Intimad conmigo y veréis mi gloria; conoced mi amor y sabréis alabarme; compareced ante mi presencia con un corazón adorador y recorreréis mi casa que siempre ha estado abierta para vosotros. El reino de mi Padre está creado sobre una multiforme sabiduría que ustedes mi pueblo deben dar a conocer; pero solo aquellos que levanten muros de alabanza serán un templo fortificado donde mi espíritu habitará".

La palabra *alabanza* viene del vocablo hebreo *jalál,* que significa "alabar, cantar, glorificar, y celebrar".

Los salmos 148 y 149 expresa lo vital que resulta que todo alabe a Jehová, porque donde hay una verdadera alabanza Dios tiene contentamiento.

Su alabanza sea en la congregación de los santos.

Alabar va más allá de cantar bonito, danzar con perfecta técnica o emitir sonidos melodiosos; alabar es un acto de adoración, pero un adorador es aquel que ama, y el amor a Dios te lleva a comprender su plan y a caminar con Él, en absoluta obediencia, y una comprensión clara de que aquellos que caminan en el plan de Dios caminan en santidad.

Dios quiere levantar una generación que abra las puertas de lo sobrenatural y manifieste el reino de Dios desde el conocimiento pleno de su amor.

Conocer la profundidad del amor del Padre nos llevará a ser adoradores con entendimiento. No se trata de luces, fama y aplausos; se trata de rendición en amor, por amor y con amor para Aquel que ya dio todo y espera la manifestación de sus hijos.

El salmo 149:5 dice así: "Regocíjense los santos por su gloria y canten aun sobre sus camas". Vemos de nuevo cómo la santidad debe ser la esencia misma de un adorador para poder alabar. Cuando el salmista expresa que aun sobre sus camas deben emitir cánticos, es porque debe haber alabanza sin cesar para Aquel que es digno de toda gloria.

Reestructurar el templo, sus bases, su fortificación no consistirá en organizar actos bonitos, tener el templo más grande, la voz más bonita, o estar 24/7 sentados en los asientos de la iglesia. **Reestructurar que no es más que Cambiar la forma en que algo está estructurado; va a consistir en sobreedificar en las bases de una adoración que provenga de la alabanza genuina de la congregación de sus santos.**

<u>Cinco principios por los que no hay cambios:</u>

- ✓ No se ha comprendido el amor de Dios al no intimar con Él, lo que resquebraja la adoración, porque no se puede adorar en verdad lo desconocido.
- ✓ Sin santidad no hay congregación que sea agradable para Dios, por tanto, no hallará en ella contentamiento y no será visto.
- ✓ No se alaba en todo tiempo
- ✓ Se rompen los cimientos de unidad que deben fundamentar su iglesia, porque la palabra es clara cuando dice: *-permanecer juntos y en armonía-*.
- ✓ Se alaba de labios, pero se olvida el principio de que una genuina alabanza proviene de un corazón dispuesto para Dios.

<u>Cinco puntos que producen cambios:</u>

- ✓ Conocer y entender las profundidades del amor de Dios porque de ello partirá la adoración.
- ✓ Alabar en todo tiempo y en la congregación de sus santos, pues en ello Dios tiene contentamiento.
- ✓ Permanecer unánimes, juntos y en armonía como un solo cuerpo que debe manifestar un reino
- ✓ Caminar en el plan de Dios, y entender que se trata de rendición en amor y por amor a Él.
- ✓ Guardar nuestro corazón solo para Él.

CONTEXTO BREVE SOBRE *LA ESENCIA DE LA BATALLA*

La esencia de la batalla enmarca la esencia de la unidad y la lealtad en un ejército.

Nació de un periodo de mi vida en el que a nivel de iglesia estábamos luchando con muchas cosas, y la pregunta latente en mi corazón era: ¿cómo se mantienen en pie los grandes ejércitos, Señor? Y Él me respondió, a la manera que para entonces yo iba a entender.

Espero que como un susurro suave su voz impacte tu corazón

LA ESENCIA DE LA BATALLA

La **unidad** es la esencia de la batalla. Así como el hierro se funde para hacer piezas que nos servirán de escudos, de espadas y de vestiduras, nuestros corazones deben fundirse con el corazón de Dios para hacerse fuertes, pero moldeables como el hierro, que es un metal formidable, con utilidad, capaz de emplearse para fortalecer a todo un batallón.

La herramienta más poderosa que tenemos es ese amor de Dios que recubre nuestro corazón. Es como una llama que se enciende con poder cuando nuestro corazón está en sintonía con el del Padre.

 Lo único que no pueden perder los grandes batallones del mundo es su lealtad a lo que creen y por lo que luchan; a las grandes batallas se va con convicción, y si no vendes tu corazón y tu alma entonces ya ganaste.

Toda guerra lleva consigo un plan de ataque, una preparación, un entrenamiento; pero, aunque todo esto dotará de fortaleza al batallón, no habrá victoria si cada miembro que sirve en el ejército no comprende que su posición es importante, que desobedecer las reglas y el plan de batalla puede llevar a la muerte, y que se debe proteger al compañero hasta con la propia vida.

Siempre existirá quien vaya a la cabeza en la batalla, y el ejército deberá moverse para cubrir la retaguardia, guardar los laterales y hacer un muro humano inquebrantable, en pro de guardar a su capitán de guerra.

Se debe entender que algunos saldrán heridos y quizás otros tantos morirán, pero todo lo que debe importar es que el propósito de la batalla se cumpla. Si se logra el objetivo, entonces todos habrán ganado, y hasta lo que parece una pérdida será una victoria.

El temor no es una opción, pero la lealtad es el todo para ganar la batalla. Se puede conquistar un reino completo con trescientos hombres leales, y no con cinco mil desleales.

Saber escuchar y tener humildad pueden dotar a todo un batallón de guerra de pasos firmes que no resbalarán ante cualquier tempestad; por el contrario, marchará como un solo hombre, cual guerrero inconmovible que no desviará su mirada del norte porque sabe que allí le aguarda su victoria.

Hay cosas innegociables: la voluntad, el alma y el corazón son parte de ellas. Quien pierda su esencia, que es su alma, entonces lo habrá perdido todo, aunque conserve la vida.

CONTEXTO SOBRE *¡ERES TAN CIERTO!*

Esta es mi reflexión personal sobre cómo todo contiene algo de Dios, pero, aun así, nada lo define por completo, porque en Dios siempre hay más.

Él siempre guarda algo nuevo, y cada día con Él y en Él es un descubrimiento, por eso nos pide mirar como niños, desde un prisma limpio que siempre esté dispuesto a ver más allá, a ir más allá, a entender que Él es mucho más que lo que podemos ver, que Él trasciende aun aquello que nos deja conocer sobre su persona.

En Dios siempre hay más.

Si tu alma necesita de continuo ser saciada por Él, Dios te sumergirá en las profundidades de sus cámaras secretas, en los ríos de su Espíritu, en el océano de su ser.

¡ERES TAN CIERTO!

Señor, tú eres tan cierto como el fulgor del sol, tan cierto como las olas del mar, tan cierto como el río que deja escuchar su fluir cada segundo de su vida aquí en la tierra, que no se cansa de brotar de sus corrientes para dar vida a una naturaleza sustentada por esa vitalidad que tú le entregaste.

Cierto eres tú, Señor, ciertas son tus obras y grande es tu poder.

Por tu mano somos perfeccionados, nos sacas de lo vil y nos llevas a tu gloria, nos limpias, nos perdonas, nos transformas y nos restauras.

Tu grandeza, Señor, se plació en vestir a Salomón, se deleitó en guiar a Moisés a sacar de Egipto a tu pueblo, se complació en entregarle a Josué la tierra prometida, se glorió en David con la verdad de su corazón, se derramó en la tierra con toda la creación, y aun así faltan prodigios por manifestarse del Dios que es **la grandeza**

Te glorías en las flores cuando te alaban, te dejas escuchar en el murmullo del viento, te dejas ver en la belleza del mar, los animales y el hombre.

Eres el Dios del perfecto amor, creaste todo con armonía y en armonía, estableciste los ciclos naturales, diste vida y orden a tu creación, y el hombre fue la obra cumbre del perfecto amor que te define.

Tú, Señor, eres el de los muchos nombres, porque eres rico en atributos que te hacen ser **EL GRAN YO SOY**

No te contiene nada de lo creado, mas te define el todo de tu creación.

Te viste tu gloria y eres el amor, el perdón, la verdad, la justicia, la paz, la perfección, el poder, la sanidad, la bondad, la majestad; eres Padre, hermano, amigo, unión, fortaleza. Todos los sustantivos y adjetivos creados para definir el bien te describen y hablan de tu esencia, el mundo y toda tu creación también lo hace; pero ninguno de ellos logra contener el todo de Dios.

Eres el Dios de los significados; para mi vida has sido rescate, perdón, amor, paternidad, amistad, hermandad, diversión, corrección y entrega.

Tú, Señor, cambias el lamento en danza, la oscuridad en luz, la mentira a tu verdad, la opresión a tu libertad, y todo lo has hecho porque eres la misericordia y la gracia hechas hombre en Jesucristo.

El perfume a tus pies y las alabanzas son poco para lo que mereces.

Eres el sacrificio personificado en Jesús, el servicio hecho carne a través de Jesús, el Dios de los posibles, el que restauró nuestra posición de hijos ante tu altar celestial a través de Jesucristo.

Todo habla de ti, mas tu significado nada por sí solo lo contiene.

CONTEXTO BREVE SOBRE *EL REFINADOR*

Esta es una breve enseñanza que Papá me permitió recibir en un tiempo en el que mi corazón estaba siendo trabajado a fuego por Él. Obviamente, el proceso dolía muchísimo y había preguntas en mi ser. En ese momento Él me dio este breve texto que leerás a continuación, marcando en mí una enseñanza que guardo y que me ha servido en momentos de procesos fuertes, porque siempre veo su mano en medio del horno de fuego.

Espero que, si estás pasando por un proceso duro, sepas ver la mano de Dios y entender que ningún proceso permitido por Él está destinado a destruirte, sino a fortalecerte.

EL REFINADOR

El papel de un refinador es separar los metales de sus impurezas. Este trabajo lo realiza un artesano que derrite el metal varias veces en crisoles, a fin de quitarle los desechos. El refinador se sienta delante de su horno y atiza el fuego de carbón con un fuelle, aprendiendo a juzgar y controlar la refinación por el color del metal fundido.

Dios es significativamente comparable a un refinador. A lo largo de nuestras vidas Él va moldeando nuestro ser, separando las impurezas que no permiten la apreciación del metal: plata, oro y muchos más.

Para que un metal esté refinado se requiere un proceso específico para cada clase. Lo mismo sucede con la vida humana: cada cual necesita un proceso distinto y único, porque, al igual que los metales, cada ser humano es diferente y estructuralmente especial; por consiguiente, el trabajo del refinador en la complejidad de cada persona es detallado, esmerado, dedicado y pausado, porque no de todas las vidas se puede producir el mismo metal. Por ejemplo, la palabra en Proverbios 17: 3 especifica que el crisol es para la plata, y el horno para el oro. Aquí podemos ver que los procesos y la obtención de un metal frente a otro son diferentes.

Del mismo modo que no se usará el mismo proceso para

purificar el oro que para purificar la plata, Dios, aunque ve a la humanidad en su conjunto, también observa al hombre de forma individual. Y, desde la necesidad de cada ser humano, a unos los purificará como se purifica al oro, y a otros los pasará por el proceso de la plata o el hierro; pero cada cual, en su proceso, será pasado por el fuego: unos, a un grado; otros, a otro, conforme a la voluntad del Padre con cada uno y con su iglesia. Por ejemplo, la extracción del hierro es la más difícil, debido al extraordinario calor que se precisa: el hierro funde a 1.535 °C.

La importancia de refinar los metales a través del fuego tiene un matiz simple: permite que las impurezas, los metales de inferior calidad, la suciedad y las pequeñas manchas de residuos salgan a la superficie, purificando el metal hasta conseguir una pureza total. Malaquías 3:3 lo expresa así: "Se sentará como fundidor y purificador de plata; purificará a los levitas y los refinará como se refinan el oro y la plata".

Hasta el fin de nuestros días el refinador trabajará en nosotros, por medio del fuego de su Espíritu, para lograr la pureza y autenticidad de ese metal que en sus manos somos nosotros, sus hijos.

CONTEXTO BREVE SOBRE *EL ENCUENTRO QUE ES CONTIGO*

Este escrito vio la luz en un completo marco de fe: hablaba con Dios sobre mi esposo y, literalmente, me permitió conocerlo a través de cada letra que colocó en mi corazón.

Cuando yo escribía, guiada completamente por Papá, aún no conocía a mi esposo, no tenía ni idea sobre quién sería, y mucho menos imaginaba todo lo que Dios iba a orquestar para unirnos, pero con este escrito quería no solo tener un bosquejo de mi esposo, sino que deseaba decirle a Papá *yo confío en ti, y sé que a su tiempo harás.*

Y sí que lo hizo.

Hoy estoy casada con un hombre exactamente como en aquel momento lo describí, y además está lleno de Dios.

Esta es una de esas muchas historias donde me imagino a Dios riendo a carcajadas, pensando: *hija, aún ni te imaginas lo que haré.*

EL ENCUENTRO QUE ES CONTIGO

Aún sin conocerte, te conozco; aún sin mirarte, ya te miro; no sé dónde estás, pero te espero. Espero ese encuentro que es contigo.

Me imagino de tu mano, amado mío, y te veo sonriendo a mi lado; tú me guardas dentro tuyo y me esperas, tú esperas el encuentro que Él orquesta.

No sé cómo o cuándo Él lo hará, pero apartado te ha dejado para mí; tuya soy, y para ti me ha guardado.

Hombre sabio te ha llamado, corazón fuerte y compasivo, lleno de su paz, amoroso y reservado para mí, pero atento a Él, a su voz. Cuidadoso de tu hogar Él te ha formado; eres cabeza, con Él como tu cabeza.

Él a mí me ha entregado para amarte y ayudarte, pues Él me ha hecho fuerte, digna de tenerte, presta para ti, entregada para Él, llena de un amor que te hará feliz.

Tú sabrás amar, porque eres de Él y un corazón de paz a ti te ha dado; yo sabré abrazar, amarte sabré, llenarte de bien que viene de Él.

En mí tú tendrás una amiga fiel, tu esposa que sabe vencer.

A tu lado iré, te levantaré, yo te admiraré como obra de Él.

Él será tu paz; yo, tu ayuda fiel.

Tú, un hombre de paz que sabe vencer, protector y fiel, ese amigo que sabe bien cuidar, sacerdote de su hogar, mi hombre de paz, el de pasos firmes y manos seguras, el que me cobija en la noche oscura.

Tú serás el pacto del Señor conmigo.

Tú serás su entrega para mí, y yo seré el diamante que Él pondrá en tus manos.

En ambos reina Él.

Mientras yo hoy te escribo en un acto de fe, amor y entrega, solo con Dios de testigo, Él me lleva a tu mente y me dibujas en silencio, entre tus pocas palabras, pero tu gran corazón; lo tuyo no son las muchas palabras, pero sí los actos de amor.

Te encantará cómo te escribo y describo, pero vivirás de la paz del Señor contigo, en el silencio afectuoso de mis brazos y abrazos, esos que estarán en los días buenos y malos.

Llueva o haga sol, tu corazón tendrá la certeza de que soy un puerto seguro para descansar, un ancla y refugio donde habitar. Tú me dibujas, yo te escribo; tú me delineas en tu cabeza, yo te describo en mis letras.

Estamos a un paso el uno del otro, mirando las agujas del reloj. Sabiendo que cuando el Padre diga *¡El tiempo se ha cumplido!* no habrá distancia, y el lazo se estrechará para siempre; y, aunque hoy no lo sepas, realmente tendremos un lazo en casa, que se llamará *Rebeca* (lazo). Será dulce, pero fuerte, aguerrida y firme; y amará nuestra pequeña familia.

Quisiera contarte más, pero tendremos mucho tiempo. Te espero como el día espera al sol, y tú me aguardas como las plantas a la primavera.

Te amo solo con el hecho de saber cómo eres, pero te amaré más al vivirte, estrecharte y honrarte.

Eres mi hombre, con un corazón de paz; mi esposo y mi amigo.

HAZ TUS NOTAS SOBRE EL LIBRO

94